Escrito por María Isabel Sánchez Vegara

Gente pequena, **GRANDES SONHOS**™
MARY SHELLEY

Ilustrado por
Yelena Bryksenkova

A pequena Mary era filha de dois famosos escritores: uma feminista e um filósofo, ambos grandes pensadores.

Ainda era muito pequena quando perdeu sua mãe querida.
Os médicos não puderam fazer nada para salvar sua vida.

MARY
WOLLSTONECRAFT
GODWIN

Autora da
Declaração dos
Direitos da Mulher

Nasceu em 27 de abril de 1759
Morreu em 10 de setembro de 1797

Seu pai voltou a se casar, com uma vizinha que não tinha bom coração.
Mas, pelo menos, Mary ganhou uma irmã e um irmão.

Mary sempre visitava seu esconderijo, perto do túmulo da mãe, onde sonhava em escrever livros.

À noite, em sua casa, recebiam grandes artistas como visitas.
Um deles, ao vê-la, se apaixonou por aquela senhorita.

Ele se chamava Percy Bysshe Shelley, era um jovem poeta casado.
Mary fugiu com ele e sua irmã, deixando todos assustados.

Foram à Suíça convidados por lorde Byron, um famoso poeta.
Ele propôs um desafio: escrever uma história de terror completa.

Em um reportagem, Mary leu que, graças à eletricidade, nosso cérebro pode mover o corpo com normalidade.

Para Mary, aquela notícia foi muito interessante.
A ponto de, certa noite, sonhar com um monstro aterrorizante.

Ao despertar, escreveu sobre um ser que voltava à vida graças a uma descarga elétrica e sua forte sacudida.

Todos pensavam que um homem tinha escrito algo de tamanho alcance.
Nem sequer imaginavam que uma moça, Mary, era a autora do romance.

Frankenstein acabou se tornando um clássico do terror.
E até chegou ao cinema pelas mãos de vários diretores.

E milhões de leitores ainda sentem calafrios com a história magnífica sabendo que a pequena Mary é a mãe da ficção científica.

MARY SHELLEY

(Londres, 1797-1851)

c. 1822   c.1830

Mary Wollstonecraft Shelley (sobrenome de solteira: Wollstonecraft Godwin) nasceu em Londres, em uma época de grandes mudanças. A Revolução Industrial estava começando, e tanto as roupas como muitos bens de consumo começavam a ser produzidos em fábricas. Essa transformação foi um ponto de inflexão na história, e Londres foi um dos centros industriais mais importantes do mundo. Nesse contexto nasceu a pequena Mary. Sua mãe morreu quando ela tinha apenas onze dias de vida, e a menina foi criada sob o olhar atento de seu pai, o excêntrico filósofo William Godwin, que se casou de novo alguns anos depois. Mary cresceu amando os livros, principalmente aqueles escritos por sua mãe, a filósofa e escritora feminista Mary Wollstonecraft, que a influenciaram muito.

1843-5   c. 1935

Recebeu uma educação avançada para as meninas da época e se tornou uma jovem valente e de mente aberta. Diversos filósofos e escritores visitavam seu pai na casa da família, e Mary gostava dessas reuniões. Um dos visitantes era o poeta Percy Bysshe Shelley, por quem ela se apaixonou, apesar de saber que ele era casado. Mary e Percy fugiram e deram início a uma viagem pela Europa. Em junho de 1816, em uma reunião com amigos durante uma noite de chuva, lorde Byron propôs a cada um que escrevesse seu próprio conto de terror. Foi assim que Mary deu vida a Frankenstein, o personagem do romance de ficção científica mais famoso. Era uma história emocionante e aterrorizante, e, como sua mãe tinha feito anos antes, Mary deu início à sua própria revolução.

Se você gostou da história de

Mary Shelley

também venha conhecer…

Outros títulos desta coleção

ALBERT EINSTEIN	CHARLES DARWIN	MADRE TERESA	MALALA YOUSAFZAI
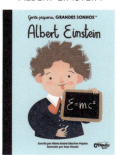	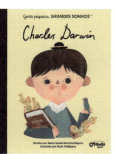		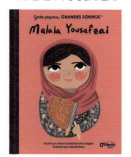

COCO CHANEL	STEPHEN HAWKING	NELSON MANDELA	JOHN LENNON
		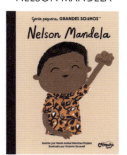	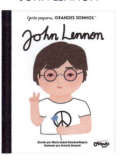

ROSA PARKS	ANNE FRANK	FRIDA KAHLO	PELÉ
			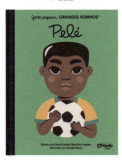

MARIE CURIE	MAHATMA GANDHI	DAVID BOWIE	AYRTON SENNA
	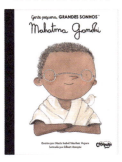	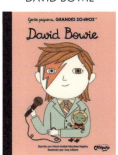	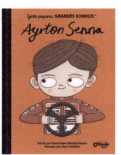

Gente pequena, **GRANDES SONHOS**™ *Mary Shelley*
María Isabel Sánchez Vegara
Ilustrações: Yelena Bryksenkova
Título original: *Pequeña* **&GRANDE**™ *Mary Shelley*

Coordenação editorial: Florencia Carrizo
Tradução: Carolina Caires Coelho
Revisão: Laila Guilherme
Diagramação: Pablo Ayala e Verónica Alvarez Pesce

Primeira edição. Primeira reimpressão.

R. Passadena, 102
Parque Industrial San José
CEP: 06715-864
Cotia – São Paulo
E-mail: infobr@catapulta.net
Web: www.catapulta.net

ISBN 978-65-5551-035-5

Impresso na China em março de 2023.

```
Sánchez Vegara, María Isabel
    Gente pequena, grandes sonhos : Mary Shelley /
escrito por María Isabel Sánchez Vegara ; ilustrado
por Yelena Bryksenkova ; [tradução Carolina Caires
Coelho]. -- Cotia, SP : Catapulta, 2021. --
(Gente pequena : grandes sonhos)

    Título original: Pequeña & grande : Mary Shelley
    ISBN 978-65-5551-035-5

    1. Autoras inglesas - Século 19 - Biografia -
Literatura infantojuvenil 2. Literatura
infantojuvenil 3. Shelley, Mary Wollstonecraft,
1797-1851 - Literatura infantojuvenil I. Bryksenkova,
Yelena. II. Título. III. Série.

21-70975                              CDD-028.5
```

Índices para catálogo sistemático:
1. Mary Shelley : Biografia : Literatura infantil 028.5
2. Mary Shelley : Biografia : Literatura infantojuvenil 028.5
Cibele Maria Dias - Bibliotecária - CRB-8/9427

© 2021, Catapulta Editores Ltda.
Copyright do texto ©2019 María Isabel Sánchez Vegara
Copyright das ilustrações ©2019 Yelena Bryksenkova
Ideia original da coleção María Isabel Sánchez Vegara, publicada por Alba Editorial, s.l.u.
Pequeña&Grande / Little People Big Dreams são marcas registradas da Alba Editorial s.l.u. e Beautifool Couple s.l.

Fotografias (págs. 28-29, da esquerda para a direita) 1. Miniatura de Mary Shelley pintada postumamente, depois de 1822 © Biblioteca Bodleiana, Universidade de Oxford, relíquias de Shelley (d) 2. Retrato identificado como de Mary Shelley, 1843-5 © Biblioteca Bodleiana, Universidade de Oxford, relíquias de Shelley 39 3. Mary Wollstonecraft Shelley, 1830 © Hulton Archive / Stringer por meio da Getty Images 4. Boris Karloff como o monstro em Fankenstein, c. 1935 © Hulton Archive / Stringer por meio da Getty Images

Primeira edição no Reino Unido e nos Estados Unidos em 2019 pela Quarto Publishing plc'.
Primeira edição na Espanha em 2019 por Alba Editorial, S.L.U.

Livro de edição brasileira.
Nenhuma parte desta obra poderá ser reproduzida, copiada, transcrita ou mesmo transmitida por meios eletrônicos ou gravações sem a permissão, por escrito, do editor. Os infratores estarão sujeitos às penas previstas na Lei n° 9.610/98.

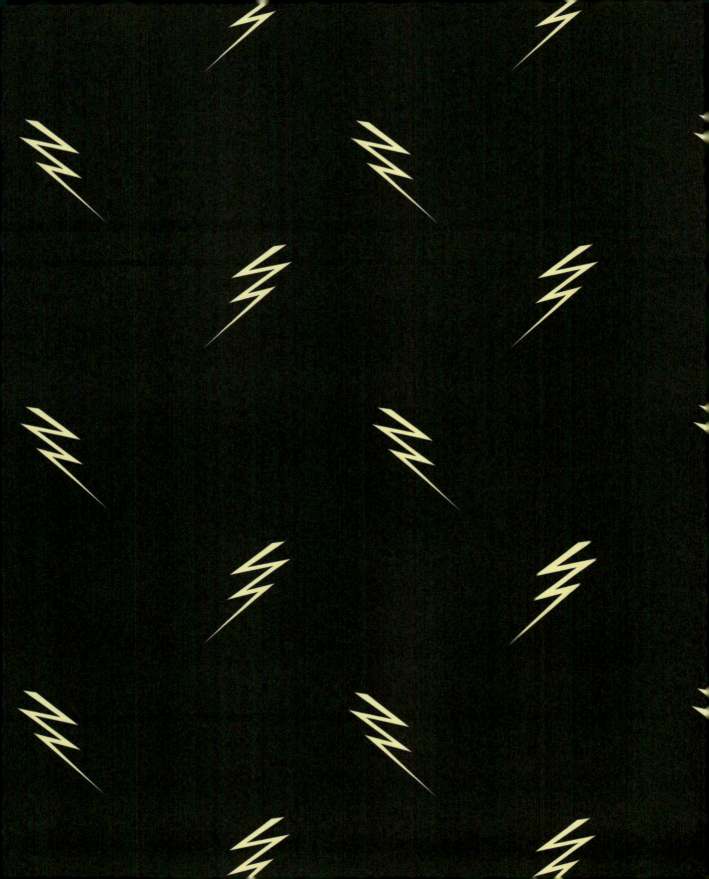